West Pullman

poems by

Carolyn Guinzio

traduzione di

Franco Nasi

BORDIGHERA PRESS

Library of Congress Cataloging-in-Publication Data

Guinzio, Carolyn
  West Pullman : poems / by Carolyn Guinzio ; translated into
Italian by Franco Nasi.
      p. cm. (Bordighera poetry prize ; 7)
  English and Italian parallel text.
  ISBN 1-884419-71-2 -- ISBN 1-884419-70-4 (pbk.)
      1. Nature--Poetry. I. Nasi, F. (Franco), 1956–. II. Title. III.
Series.

PS3607.U5426W47 2005
811'.54--dc22

                                                    2005048276

The Bordighera Poetry Pize is made possible by a generous
grant from The Sonia Raiziss-Giop Charitable Foundation.

Printed in the United States.

Published by
BORDIGHERA PRESS
Department of Languages & Linguistics
Florida Atlantic University
777 Glades Road
Boca Raton, Florida 33431

BORDIGHERA POETRY PRIZE 7
ISBN 1-884419-70-4 (softcover)
ISBN 1-884419-71-2 (hardcover)

The publications where some of these poems appeared or are scheduled to appear are gratefully acknowledged:

from Flightless Rail	
Guam's Caution	*The Bardian*
Posted	*Bloomsbury Review*
The Ear as Aid to Vision	*Boston Review*
from Flightless Rail	
Partial List	*Chimera Review*
Native	
from West Pullman (II)	*Colorado Review*
VII, VIII, VIV	
from West Pullman (II)	*Denver Quarterly*
I, II, III	
Cicada	*Epoch*
from West Pullman (II)	*42opus*
IV	
State	*Insurance*
from West Pullman (I)	
January: Factory	
February: Boxes	
May: Aerial Photo of Land	
from Elsie Lamb	*Indiana Review*
(As the train . . .)	
from Flightless Rail	*Memorious*
Flightless Rail	
from West Pullman (I)	*Perihelion*
December: Roseland	
Rough Breathing Grave,	*Willow Springs*
Smooth Breathing Grave	
White Box, Wax Paper	

My gratitude to teachers, friends, and family for their kind, generous support, especially James and Violet Guinzio, Paul Hoover, Chris Tokar, Maryrose Larkin, Ann Lauterbach, Jennifer Martenson, Debra Enzenbacher, and Lydia Davis. Thank you to Donna Masini. Thanks to Columbia College Chicago, Bard College, the Ucross Foundation, the Chicago Department of Cultural Affairs, the Illinois Arts Council and the Kentucky Arts Council.

For Davis
and
For Warren and Charlotte

A Davis
e
A Warren e Charlotte

Contents

Indice

West Pullman (I)

January: Factory

The morning after a terrible storm,
the graveyard shift finally ends.
Clear electric light
pales in the shocked gleam
of snow and sun.
From the gate we can see
a figure with uncovered eyes
is crossing the bridge,
carrying milk and bread
in balance on the path
narrowed by so much snow.
For my sleeping ones, he says aloud,
so his hands won't bend
from the weight. Drifts are leaning
into the doors and will glow
and make midnight a walkable
hour. There is nothing to do
against this cold, no iron
can make it bend. Only to slip
our frames through to see
the light we have made fade again.

West Pullman (I)

Gennaio: Fabbrica

La mattina dopo una terribile bufera,
finalmente finisce il turno di notte.
La chiara luce elettrica
sfuma al bagliore acuto
di neve e di sole.
Dal cancello si vede
una figura a occhi scoperti
che attraversa il ponte,
e porta latte e pane
in equilibrio sul sentiero
stretto da tanta neve.
Per i miei che dormono, dice a voce alta,
perché le sue mani non si pieghino
al peso. Cumuli di neve si appoggiano
alle porte e brilleranno
e faranno della mezzanotte un'ora
in cui camminare. Non c'è niente da fare
contro questo freddo, nessun ferro
può piegarlo. Solo far scivolare
dentro i nostri corpi per vedere
la luce che abbiamo fatto di nuovo sfumare.

February: Boxes

Small things travel great distances,
we learned from the turtle
pulled from the swamp
that glimmered
on the rim of the forest
preserve, again and again,
each time with a different
red-eared head.
Faced with climbing
the aluminum walls of a tub
in a boy's backyard, it brings
most of its musty nativity
back to the half-earth,
and feels it sieve through its webs,
cracking what remains
of the hunger-thin egg.
Nothing ever travels more
than half-way away.

Febbraio: Scatole

Piccole cose percorrono grandi distanze,
l'abbiamo imparato dalla tartaruga
presa dalla palude
che luccicava
al bordo del parco
naturale, e poi ancora e ancora,
e ogni volta con una diversa
testa dalle orecchie rosse.
Il suo tentativo di scalare
le pareti d'alluminio di una vasca
nel cortile di un ragazzo, richiama
molta della sua ammuffita natività
nella terra anfibia,
e si sente arrancare fra le trame,
frantumando quel che rimane
di un guscio magro come la fame.
Mai nulla percorre più
di mezzo percorso.

March: In Peace

In the history of bells,
a month of deprivation
comes to nothing
when on Sunday
you may eat
a barely sweet rosette,
apricot and hot iron,
drying on the stained cotton
cloth. We wondered if a child,
damp still from the washing
of sin, would be draped
in a saint's lily shadows.
Language itself
will tunnel you away
from faith.
In the churchyard, where only
the brothers and orphans
may rest, mockingbirds land
on little headstones
and will eat what lives
in the inscriptions
until the rain takes away
every crack. The cathedral
window is fracturing light.
There is more missing here
than is here.

Marzo: In pace

Nella storia delle campane,
un mese di stenti
si riduce a niente
se di domenica
si può mangiare
una rosetta appena dolce,
albicocca e griglia calda,
che asciuga sul panno di cotone
macchiato. Ci chiedevamo se un bambino,
ancora madido dell'acqua che monda
dal peccato, sarebbe stato rivestito
nell'ombra del giglio del santo.
Proprio il linguaggio ti
scaverà via
dalla fede.
Nel cortile della chiesa, dove solo
i frati e gli orfani
possono riposare, il tordo poliglotto atterrerà
sulle piccole lapidi
e mangerà ciò che vive
nelle iscrizioni
finché la pioggia toglierà
ogni crepa. La vetrata
della cattedrale spezza la luce.
Qui manca più
di quanto qui ci sia.

April: Yellow Ball

Her dress is gray
in the silent film,
she is holding the sun
and speaking: She dies, and then,
you are your own mother. *I am*
my own mother now.
She is telling the crossing story,
again, and now it is her own,
ending with holidays
of walnuts and wine,
or not ending.
Were you afraid? And of what?

Tipping off the ship, the ship,
the ship tipping. The water,
water sickness and dying.
Water shaking in drinking
glasses, men and men drinking
and turning their eyes.
Idle men's vices, and children,
being hurt. My sister, still 20,
her child, alive. Her eyes,
and my dream that I stood
on her eyes, so solid.

And that it might end there,
and that it might not.

Aprile: Palla gialla

Il suo abito è grigio
nel film muto,
tiene in mano il sole
e parla: Lei muore, e poi,
tu sei madre di te stessa. *Ora io sono
madre di me stessa.*
Ancora una volta ripete
la storia della traversata, ed ora è la sua,
e finisce con le feste
di noci e vino,
o non finisce.
Hai avuto paura? E di che cosa?

Sbalzata dalla barca, la barca,
la barca alzata. L'acqua,
il mal d'acqua e morire.
Acqua agitata nei bicchieri,
uomini e uomini che bevono
e girano lo sguardo.
Vizi di uomini oziosi, e bambini,
essere offesi. Mia sorella, ancora ventenne,
suo figlio, vivo. I suoi occhi,
e il mio sogno di stare
nei suoi occhi, così pieni.

E che possa finire lì,
e che non possa.

May: Aerial Photo of Land

Again and again, it ends
where everything
comes to a point.
Between houses,
the five feet of stones
sink when you hit them:
The boy with the breaking bone
breathes fire in silence.
He knows a sharp
and blinding secrecy.
He's heard of plains
where you can see
the clouds dangling
capes of rain before you,
separate from the roofs
it hits here. Where, he asks,
does the world drop off
to nothing? The plain
that ends in sky does not end.

Maggio: Foto aerea del territorio

Ancora una volta, finisce
dove tutto
viene al dunque.
Fra due case
i cinque piedi di sassi
sprofondano quando li calpesti:
il ragazzo con l'osso che si rompe
respira fuoco in silenzio.
Sa l'acuta
e accecante segretezza.
Ha sentito di pianure
dove si vedono
nuvole che davanti a te
dispiegano drappi di pioggia
lontane dai tetti
che qui tocca. Dove — si chiede —
dove il mondo si getta
nel nulla? La pianura
che finisce nel cielo non finisce.

June: Near Misses

As if winter came early
to his plot: bare trees.
One quiet neighbor
cleaned every stem
and dropped the oval
leaves onto spikes of grass,
never breaking the skin.
What was the sentence
we heard trailing off
as he fell down against
the fence? The questions,
old, that winnow
into thinnest breath: *I can't hold,*
or, *How can I? When this God*
From the rows of houses,
from between the cars,
children dart out
like bats, mouths open
to swallow their days.
Hanging on almost every door:
I am still touching the earth.

Giugno: Quasi perduti

Come se l'inverno fosse venuto presto
sul suo campo: alberi spogli.
Un vicino tranquillo
ha ripulito i rami
e ha fatto cadere ogni foglia
ovale sull'erba appuntita,
senza screpolarsi mai la pelle.
Qual era la frase
che abbiamo sentito svanire
mentre lui cadeva contro
lo steccato? Le vecchie
domande, che esalano
col sospiro più tenue: *Non mi reggo più*
o, *Come faccio? Quando questo Dio*
Dalle file di case,
dagli spazi fra le macchine,
i bambini sfrecciano fuori
come pipistrelli, a bocca aperta
a ingoiare i loro giorni.
Appeso quasi ad ogni porta:
Sto ancora toccando la terra.

July: Dark House in Bright Summer

It is all without sound:
the white noises, the mourning
doves, shirts flapping low
on the line. Behind drawn blinds,
a mother is waiting and thinks:
a deaf woman would know
when that train was passing.
Switches and spikes,
as if each time
the house were spared
by another invisible mercy.
Never, never go as far
as the tracks. Thinking,
It's Thursday, he'll be late,
bringing food.
Small screams of ecstatic despair
float in through the muffling screen.
One of them comes in and drinks,
stands with his hand on her knee,
gasping after the water.
Is this too small — she closes
her eyes — to remember?
Bury this point in my skin.
You'll learn, too,
of the greater good,
and how it is a childless thing.

Luglio: Casa scura in estate luminosa

È tutto senza suono:
i rumori di fondo, le tortore,
camicie che ondeggiano rasenti il suolo
sul filo da stendere. Dietro alle tende chiuse,
una madre aspetta e pensa:
una donna sorda saprebbe
quando passa quel treno.
Scambi e chiodi
come se ogni volta
la casa fosse stata risparmiata
da un'altra invisibile pietà.
Mai, mai andare fino
ai binari. E pensa,
È giovedì, e lui arriverà
tardi, con il cibo.
Piccole urla di estatica disperazione
arrivano attutite dalle zanzariere.
Uno di loro entra e beve,
e sta in piedi con la sua mano sul ginocchio di lei,
ansimando per l'acqua.
È troppo piccolo — lei chiude
gli occhi — da ricordare?
Seppellisci questo punto nella mia pelle.
Anche tu imparerai
del bene più grande,
e come sia una cosa senza figli.

September: Pigeons

They pasted their nest
to her bedroom window,
a ragged saucer of roots
loosened in the end to the fall
dissipation of the clutch.
Are we all born so young?
Immobile, eyes closed, downless, fed.
The flimsy ardor of the eave
ends in dark too quickly.
Pigeon, come sit on my knee,
he says, with fixed eyes, black.
Drawn back every year,
even though on each groove
of the screen rests a thin line
of perfumed talc
that she'd blown off her palm
to make smoke
through the window.
It appears something
can become nothing.
Pigeon, come sit.
He pats her back, a mottled
sheet across his knees,
poison lining his blood
and lungs. Fly her away
from the fire.

Settembre: Piccioni

Hanno attaccato il loro nido
alla finestra della camera da letto di lei,
uno sfilacciato piattino di radici
allentato alla fine dell'autunno
dispersione dell'insieme.
Siamo nati tutti così piccoli?
Immobili, a occhi chiusi, senza penne, sazi.
Troppo presto, nell'oscurità,
il tenue calore della grondaia svanisce.
Piccione, vieni a posarti sul mio grembo,
dice lui, con gli occhi fissi, neri.
Riportato lì ogni anno,
anche se in ogni taglio
della zanzariera rimane una linea sottile
di talco profumato
che lei aveva soffiato dal palmo
per fare fumo
dalla finestra.
Sembra che qualcosa
possa diventare nulla.
Piccione, vieni a posarti qui.
Le accarezza la schiena, un lenzuolo
colorato sulle sue gambe,
veleno che ricopre il suo sangue,
i suoi polmoni. Falla volare via
dal fuoco.

October: OTB

When the lights went out
again, and the fan,
she stepped into the street,
alone. To the bar, again,
full of horses' limbs.
Whatever shades lurked
in the dark reeking
alleys and gangways
brushed around the bones
of her ankles, delicate as oil
on canvas.
She jerked herself along
toward the vanishing point,
where only the living
are allowed. Get there
before the bell, she thought.
Take it back for the light
and fan. She could see
her sisters, shining faces
propping sticks in the windows.
Keep it open for me,
I'm almost there.

Ottobre: Sala scommesse

Quando di nuovo la luce
si spense, e il ventilatore,
lei uscì per strada
sola. Al bar, di nuovo,
pieno di gambe di cavalli.
Ogni ombra acquattata
nell'oscurità e nel fetore
di vicoli e stradine,
si avvolgeva attorno alle ossa
delle sue caviglie, delicata
come olio su tela.
Si spinse avanti
verso il punto di scomparsa
dove solo i viventi
sono ammessi. Arrivare lì
prima della campana, pensò.
Riportarli per la luce
e per il ventilatore.
Riusciva a vedere
le sorelle, volti splendenti
che puntellavano le finestre.
Tenete aperto per me
sono quasi arrivata.

November: Metal Box

Now that the ground is covered
with leaves, we can better hear
all the old women ambling to mass
in babushkas and black wool
coats. Turning their watery eyes
from the wind, they go early
every morning to ask
that they not end their days
in Little Company of Mary,
but, rather, in upstairs rooms
with winnowed possessions
in view, and a similar hand
to hold on to
the end of the thread.

Showing photos with a belatedly
fading hand-tinted
glow and narration:
When he married the oldest,
after the war, we all got away
for a time. These are the twins:
They were too small to pull
their bodies through
the mountainous grass.

And lastly, the cracked
and resealed bottle half-full
of the water that is bound
to save us all. Someone fallen,
I can't tell you who,
said it was bitter. She tells us
again as she locks it away,
it may be, but I'll never know.

Novembre: Scatola di metallo

Ora che il terreno è coperto
di foglie, riusciamo meglio a sentire
tutte le vecchie che vanno alla messa
con scialli e cappotti neri
di lana. Distogliendo dal vento
i loro occhi bagnati, vanno presto
ogni mattina a chiedere
di non finire i loro giorni
nella Piccola Compagnia di Maria,
ma nelle camere al piano di sopra
con i loro beni spolverati ben in vista,
e una mano simile alla loro
da stringere fino
alla fine del filo.

E mostra foto colorate a mano
con una storia e un bagliore che
tardo svanisce:
quando lui sposò la più vecchia,
dopo la guerra, ce ne siamo andati tutti
per un po'. Questi sono i gemelli:
erano troppo piccoli
per spingersi
fra l'erba dei monti.

E infine, la bottiglia
crepata e richiusa mezza piena
dell'acqua destinata
a salvarci tutti. Qualcuno caduto,
non so dirvi chi,
ha detto che era amara. E mentre
la rimette via, lei ci dice
che forse è così, ma io non lo saprò mai.

December: Roseland

In the snow, we can't see
the oncoming dark and light,
so children are late getting home
for retrieving their flattened
pennies from the track,
rubbing their thumbs
where the grooves of a face
used to be. The basement
window bottle glass
was taken by someone's
hammering need,
and the trains spark over
the continuous dull green
bits. Now there are nailed-
down boards covering
any shadow, and the only
light is owed to the faultiness
of wood. It's now that we force
the frozen earth to yield its hoard
of wheatbacks, buried in June,
and carry them in paper bags
to board the ten a.m.
We think of them
as beginning here, in our hand,
and then, by our hand,
scattering out into the world.

Dicembre: Roseland

Nella neve, non vediamo
l'avanzante oscurità e la luce,
così i bambini arrivano tardi a casa
per recuperare le loro monetine
appiattite sui binari del treno,
e sfregano i pollici
dove c'era il rilievo
di un volto. La finestra del seminterrato
a forma di fondo di bottiglia
era stata violata dalla
foga distruttrice di qualcuno,
e i treni mandano scintille
sui campi verdi
ininterrotti e monotoni. Ora ci sono
assi inchiodate che coprono
ogni ombra, e la sola luce
viene dai difetti
del legno. È proprio ora che forziamo
la terra gelata a produrre la sua provvista
di monete con la spiga, sepolte in giugno,
e le trasportiamo in sacchetti di carta
sul treno delle dieci di mattina.
Pensiamo a loro
che cominciano qui, nella nostra terra,
e poi, dalla nostra mano,
si spargono per il mondo.

Cicada

The cicada has been alive all along,
drinking in its little grave, waiting
to split into the wide tangle and wear
the nimbus of late revelation. The arbor
bends and vibrates behind layers: haze,
cicadas quivering in the margins of every tree,
the heat of inhabitance pulsing
from any carved heart or hovel. What is it
to be in the world? Sounds without sources,
rootless words. We blink in the face
of a banked June fire, the field lit by eyes.
Membrane stretched at the abdomen, the cicada
plucks its own string and shudders
at this openness. A black thread of ants
bears shards of wings and bodies, the constant
exhalation. Where do we go from here?

Cicala

La cicala è stata viva fino ad ora,
bevendo nella sua piccola tomba, in attesa
di gettarsi nel grande garbuglio e indossare
l'aureola dell'ultima rivelazione. La pergola
si flette e vibra alle talee: foschia,
le cicale friniscono all'estremità degli alberi,
la calura dell'abitazione pulsa
da ogni rifugio o cuore intagliato. Che cosa vuol dire
essere al mondo? Suoni senza origine,
parole senza radici. Sbattiamo le palpebre davanti
a un falò di Giugno, il campo illuminato da occhi.
Membrana tesa nel ventre, la cicala
pizzica la propria corda e freme
a questo squarcio. Un filo nero di formiche
porta frammenti di ali e di corpi, l'esalazione
costante. E ora che facciamo?

Posted

There are things you should know,
and they all have teeth.
Patron, please stay on the trail.
The ovenbird believes in you
and will turn its back, to spare
its thrumming blood your gaze.
Remember as you reach for the wild
feather that you, too, are fleshly
and eyed. Coiled things dream
of your fingers, their viral
and slathered veneer. Yes,
the husks will crinkle in your treads,
but leave the living and dead
as you find them. None of us knows
our own power, patron.
We wish for you stillness and grace.

Avviso

Ci sono cose che dovresti conoscere,
e tutte hanno i denti.
Visitatore, ti prego stai sul sentiero.
Il tordo dalla corona d'oro si fida di te
e ti volterà la schiena, per risparmiare
al suo sangue tambureggiante il tuo sguardo.
Ricorda mentre cerchi di prendere la penna
selvaggia che anche tu sei carne
e occhi. Le cose attorcigliate sognano
le tue dita, la loro patina virale
e consunta. Sì,
i gusci crepiteranno ai tuoi passi,
ma lascia i vivi e i morti
come li trovi. Nessuno di noi sa
la propria forza, visitatore.
Ti auguriamo quiete e grazia.

Seventh Day

Old urban men on dry afternoons
gather to watch buildings rise.
They take their turn at the hole
and gape at the roped beams
careening, raising the hairs
on the soft skulls of the workers
who lay the grid. They relish
the glories of sprawl, the old men,
redeemed for believing in steel.
There is glory in the roller rink
that stands in a field, the ground-
dwellers surging away.
But neighbors swatting vermin
with shovels and boots
is rumor to old city men,
around whose ankles pigeons bob,
crossed by falcon shadows.
When it rains, they sway
under awnings like the water
in penthouse vases: barely.
Breezes can't uproot them
while their marrow holds them down.

Settimo giorno

Vecchi di città in aridi pomeriggi
s'incontrano per guardare i palazzi crescere.
A turno sbirciano nel buco
l'oscillare dei travi legati,
che fa rizzare i capelli
sui crani fragili degli operai
che stendono la griglia. Si godono
la gloria del disordine, i vecchi,
redenti per aver creduto nell'acciaio.
C'è gloria nella pista dei pattini
che si stende in un campo, mentre gli
abitanti della terra sciamano via.
Ma i vicini che schiacciano i parassiti
con badili e stivali
è una chiacchiera per i vecchi della città,
attorno alle loro caviglie si muovono a scatto i piccioni,
attraversati dalle ombre del falcone.
Quando piove, si raccolgono
sotto tendoni come l'acqua
nei vasi di un attico: per poco.
Le brezze non li sradicano
mentre il loro nervo centrale li tiene ancorati a terra.

The Flightless Rail

Honeycreeper

In the shelter
of a coral outcropping, three
honeycreepers catch
blue light on their red
breath making haze
above a long
undrinkable sea.
Breathing.
One call, one call,
response. Honeycreepers
catch what dunes
discard, squinting
on bleaching bones.   .
Unaccustomed to unkindness,
you could touch, feather
out the parts of a wing
between your fingers.
One call, response, response.
Singing for the camera
like anything alive,
the only living one.

Il rallo inetto

Vestiaria coccinea

Protette
da un affioramento di coralli, tre
vestiarie prendono
la luce blue sul loro rosso
respiro che forma una foschia leggera
sopra un lungo
mare imbevibile.
Respirano.
Un richiamo, un richiamo,
risposta. Afferrano
le vestiarie quel che le dune
scartano, e guardano sott'occhi
le bianche ossa.
Non use agli sgarbi,
potevi toccarle, aprendo
le penne di un'ala
fra le dita.
Un richiamo, risposta, risposta.
Cantano per la macchina fotografica
come ogni cosa viva,
la sola cosa che è viva.

Flightless Rail

The shearwater's moan doesn't break
against burrows
now, but reaches the quick
blood of a wingless rail.
To walk as if sewn to yourself.
Brought home, six rails lifted
through the rough angled
lid of their crate.
To duck under green
against what might cast
darkness over its own.
All shelter eaten, they skulk
in their furious smoke.
Frigatebirds, forked shadows, flank
seven blots on a brown
horizon: six scattered shapes and a crate.
A moment's contentment,
a swallow, a sigh:
The frigatebird draws its span
to its eyes,
eating an island down.

Il rallo inetto

Il gemito della berta ora
non si frantuma nelle tane,
ma raggiunge il sangue
pulsante di un rallo senz'ali.
Camminare come se ti fossero cucite addosso.
Portati a casa, sei ralli estratti
dal coperchio
ad angolo acuto della loro gabbia.
Piegarsi sotto il verde
contro quanto può gettare
il buio sopra il proprio.
Tutto il rifugio mangiato, si muovono furtivamente
nel loro fumo furioso.
Le fregate, ombre biforcute, affiancano
le sette macchie su un orizzonte
marrone: sei forme alla rinfusa e una gabbia.
Soddisfazione di un attimo,
un boccone, un sospiro:
la fregata si copre gli occhi
con le ali,
e divora l'isola.

Guam's Caution

This is what happens
from letting them go:
First, a clotting,
ungodly, of the understory.
A severing of air and color.
What falls dead, shrub or bird,
will turn into the grey
abundance. Spiders
in chandelier lattices cross,
filling the gaps between trees.
There will be no stopping
what passes being stopped.
We are alone and need
every part of ourselves.
We are meant to see
into the water,
into the sky between leaves.
These were two of our many
blue things. Spiders
fatten, listening
with their feet.

La cautela del Guan

Questo è quel che succede
a lasciarli andare:
dapprima un assembramento,
assurdo, del sottobosco.
Una separazione di aria e colore.
Quel che cade morto, arbusto o uccello,
si trasformerà in grigia
abbondanza. Passano ragni
su reticoli a candelabro,
e riempiono i vuoti fra gli alberi.
Nulla fermerà ciò che passa
dall'essere fermato.
Siamo soli e abbiamo bisogno
di ogni parte di noi.
Siamo fatti per guardare
nell'acqua,
nel cielo fra le foglie.
Queste erano due fra le molte nostre
cose blu. Ragni
ingrassano, e ascoltano
con i piedi.

Native

Native to a space I could carry
underneath me,
an atoll pulled
by its salt-
soaked roots out of the ocean.
I'm only half of land,
of continent.
I was born listening.
Hitting off the pocked
and storm-shook walls
of the only house stopping sound:
Chord over chord of bird,
soft pulse of rabbits
eating. Rabbits
for meat to keep my mother strong.
Pulse over pulse of rabbit
eating, soft chord of bird.
There my ear and hand evolved
to catch, to kill.
I carry myself back
to myself.

Indigeno

Indigeno di un luogo che potrei portare
sotto di me,
un atollo tirato fuori dall'oceano
per le radici
impregnate di sale.
Sono solo metà di terra,
di continente.
Sono nato ascoltando.
Muovendomi dai muri butterati,
colpiti dalla tempesta
della sola casa che ferma il suono:
accordo su accordo d'uccello,
tenue palpito di conigli
che mangiano. Conigli
come carne per tenere in forze mia madre.
Palpito su palpito di coniglio
che mangia, tenue accordo di uccello.
Lì il mio orecchio e la mia mano si sono sviluppati
per agguantare, per uccidere.
Riporto me stesso
a me stesso.

Laysan Teal

When there were seven
left, sleeping stopped.
At night, they needed to hear
each other.
Their coverts opening. Their webbed
steps on the horned
bone of ground. Cutworm, brine
fly. A shallow sound, pregnant
with common salt.
Flying stopped
when there were seven.
They needed to keep each other
in sight.
A spotted white head
would blur against clouds.
Green gloss would vanish
in a panic of leaves.
In the vegetated edges of the pit
were seven nests.
The green grew back
around them.

Apapane di Layson

Quando rimasero
in sette, il sonno cessò.
Di notte dovevano
sentirsi a vicenda.
I loro rifugi aperti. I loro
passi palmati sull'osso
cornuto della terra. Agrotide, mosca
d'acqua salata. Un rumore d'acqua bassa,
pregna di sale comune.
I voli terminarono
quando rimasero in sette.
Dovevano controllarsi
a vista.
Una testa bianca macchiata
si sarebbe confusa nelle nubi.
Un bagliore verde sarebbe svanito
in un panico di foglie.
Sul perimetro rigoglioso della fossa
c'erano sette nidi.
Il verde crebbe di nuovo
attorno a loro.

Albatross

The Pacific tips slowly, so
the albatross draws it out.
A five-season courtship,
a thirty-year watch over
dances by an annual
clutch of one.
Called *gooney*
because hunters lift it up,
stroke smooth and hammering
plumes in the crook
of their arm, let what
still beats slump
into the coral ground.
Because hunters wade among them unafraid,
tabulating graces.
The currency of feathers.
The albumen of egg.
Guano and the shallow arc of wing.
The body impractical
leans on the green juncus,
blinking its white-rimmed eyes.

Albatros

Il Pacifico s'inclina poco a poco, così
l'albatro lo prende tutto.
Un corteggiamento di cinque stagioni
una sorveglianza di trent'anni
danza una nidiata annuale
di uno.
Lo chiamano *goffo*
perché i cacciatori lo sollevano,
ne accarezzano le piume lisce
che sbattono nella piega
del loro braccio, lasciano che
quello che ancora batte s'afflosci
nel terreno corallino.
Perché i cacciatori vanno nell'acqua fra loro senza paura,
e ne elencano le grazie.
Il valore delle penne.
L'albume dell'uovo.
Il guano e l'ampio arco dell'ala.
Il corpo goffo
appoggiato al giunco verde,
strizza i suoi occhi cerchiati di bianco.

How It Arrives

Blown off course
or clinging to flotsam,
A handful of land-
birds find their way.
Vessel of wind,
vessel of wood, drifts
to the small interruption of blue.
A million terns
blot it in their soot.
Perhaps eleven
perfect families, perfect
blood-red roots
tangled to bloom into mutants.
They claw into the coral,
fade into the veins
of a leaf:
A spot, a streak.
Oscines and rumours:
they carry the sea in their beak.
Large and small bodies of water,
bodies in water and sky.

Come arriva

Spinta fuori rotta
o aggrappata al relitto
una manciata di uccelli di terra
trova la propria strada.
Vascelli di vento,
vascelli di legno, sospinti
alla breve pausa dell'azzurro.
Un milione di sterne
lo macchiano con la loro fuliggine.
Forse undici
perfette famiglie, perfette
radici rosso sangue
aggrovigliate per sbocciare in mutanti.
Si aprono un varco nel corallo,
svaniscono nelle vene
di una foglia:
una macchia, una striscia.
Che uccelli cantori portino
il mare nel becco: dicerie.
Corpi grandi e piccoli d'acqua,
corpi in acqua e in cielo.

Millerbird

If you could stand
still, the millerbird might
have whispered its secrets.
Following a millermoth's
powdery wings
through a window, the weird
territory of air.
If you could stand
silence, the millerbird might
have channeled metallic
singing to your ear.
Balancing on reeds,
its thin bill and fluttering
made an angular silhouette,
offered only the distant
gift of its shape.
Brown and white and watching
from the matching
grass it gleaned.
What disappeared? How is it
quieter now?

Cannaiola delle Hawai

Se riuscivi a stare
fermo, forse la cannaiola
ti sussurrava i suoi segreti.
Seguendo da una finestra
le ali polverose
di una falena, lo strano
territorio dell'aria.
Se riuscivi a stare
zitto, forse la cannaiola
ti trasmetteva canti
metallici all'orecchio.
In equilibrio sulle canne,
con il becco sottile e il frullare
a formare una spigolosa silhouette,
offriva solo un lontano
dono della sua forma.
Marrone e bianca e attenta
a non confondersi con l'erba
dove spigolava.
Che cosa è scomparso?
Perché è così calmo ora?

Partial List

Fantail, flycatcher,
bridled white eye.
The peculiar gullet
of a secretive bird
curved only to swallow
a particular moth.
Ground dove, fruit dove.
Banked in a cave,
the last hundred swiftlets
glue twigs to the ceiling.
Guano moths writhe
only in the slag underneath.
One rat in a boatwreck
tides grind to the earth.
One seed slipping
from the tread
of a boot.
Monk seal, honeyeater.
Waiting to be found, creatures
lurk forever in solutions
of each other.

Elenco parziale

Piccione con la coda a ventaglio, pigliamosche,
occhialino striato.
Lo strano esofago
di un uccello taciturno
curvato solo per ingoiare
una particolare falena.
Tortora della terra, tortora del frutto.
Segregate in una grotta
le ultime cento salangane
incollano rametti al soffitto.
Falene del guano si contorcono
solo nelle scorie sottostanti.
Un topo in una barca naufragata
che le maree macinano in terra.
Un seme scivola
dalla suola
di uno stivale.
Foca monaca, mangiamela.
In attesa di essere trovate, le creature
aspettano per sempre la fine
dell'altro.

Finch

Tangled in their keeper's
hair, neck-spackled finches
angle to look. A hunger
reshaping for the deep
bloom, protected.
From the ship, a hundred gazes
meet Pearl and Hermes Reef, tilting
from the half moon of water.
In undultant flight, the seed
eater's call is a *tin*
tink sweeping
up at the lip.
In two decades, beaks
on the south of the island
curled down
like a tooth, deepened
to fit into Tribulus.
Shortened in the north
for shallow weed.
The young teach
the older to eat.

Fringuello

Aggrovigliati nei capelli
del loro custode, i fringuelli dal collo chiazzato
si piegano per guardare. Una fame
che dà nuova forma alla profonda
fioritura, protetta.
Dalla nave, centinaia di sguardi
incontrano Pearl e Hermes Reef, inclinate
dalla mezza luna d'acqua.
Nel volo ondulante,
il richiamo dei canarini beccasemi
è un *tin tink*
esalato dalle labbra.
In due decenni, i becchi
nel sud dell'isola
si sono allungati
come un dente, più profondi
per entrare nel Tribulus.
Si sono accorciati nel nord
per le alga d'acqua bassa.
I giovani insegnano
ai vecchi a mangiare.

The Ear as Aid to Vision

There is a wildness gravity allows.
She shut her eyes and held the shell first to her own ear.
She stood where earth's tilt curls a fist around ankles.
She slept where rushing night air broke
against rocks and woke looking into eyes, frog, great

breathing creature. She built letters of wet strands and weeds
stirred into the song, the salt-filled throat,
the stretched spheres pulsing out of crevices in bark
hollowed for a clear note the instant it lives in the air.
There is a wildness allowed: the song aloft longer in the absence of light.

L'orecchio come ausilio alla visione

C'è una selvatichezza che la forza di gravità concede.
Lei chiuse gli occhi e portò dapprima la conchiglia all'orecchio.
Stette dove l'inclinazione della terra stringe un pugno alle caviglie.
Dormì dove l'aria veloce della notte s'infrangeva
contro le rocce e si svegliò guardando negli occhi, rana, grande

creatura che respira. Costruì lettere di filo bagnato e alghe
mescolati in un canto, la gola piena di sale,
le sfere allungate che pulsavano fuori dalle crepe della corteccia
concesse per una chiara nota non appena vive nell'aria.
C'è una selvaticheza concessa; il canto in alto più lungo nell'assenza
della luce.

Return to Midway

On the flight, we are all falling
asleep over books about how to live
with it. While it is whole, you can't see
it breaking. Into the grid, a drop.
The heart goes last. First, the low
and faceted constellation.

In the car on the way to the wedding
she said, You don't have to.
She said, I'm not going. She said,
Last week, I looked out the window
so long, I saw the bride both directions.
I never could get her alone.

On the flight, we are thinking, Tell
your story, the great story of one
and many, composed of an imperfect
moment of silence, the channel
and bump of our heat. Paper
covers nothing where there's breath.

At the wedding, an icy October rain,
the terrace dripping eaves and smokers
shivering in their silks turn back
to face the mild rising of voices
at the news that Heidi, Harvey or Ivy
had sucked the resort to the sea.

Thinking on the plane, Was I there?
Hot spots glow on the airport map.
Are we all here together, in the sky?
The bride and her groom
are watching through the humid
light of the Holidome.

Ritorno a Midway

In volo tutti ci addormentiamo
su libri che insegnano a conviverci.
Quando è intero non lo vedi
rompersi. Nella griglia, una goccia.
Il cuore va per ultimo. Per prima,
la costellazione bassa e sfaccettata.

In auto sulla via del matrimonio
lei disse, Non devi.
Lei disse, Non vado. Disse lei,
Una settimana fa a lungo ho guardato
dalla finestra e ho visto la sposa in entrambe le direzioni.
Non riuscivo mai a prenderla da sola.

In volo, pensiamo, Racconta
la tua storia, la grande storia di uno
e di molti, fatta di un imperfetto
momento di silenzio, il canale
e il colpo del nostro calore. La carta
non copre nulla dove c'è respiro.

Al matrimonio, una pioggia ghiacciata d'ottobre,
la grondaia gocciolante del terrazzo e i fumatori
tremanti nei loro vestiti di seta si voltano
per affrontare il sottile crescendo di voci
alla notizia che Heidi, Harvey o Ivy
avevano succhiato in mare la stazione balneare.

Pensare in aereo, Ero là?
Punti pericolosi brillano sulla mappa dell'aeroporto.
Siamo tutti lì, assieme, in cielo?
La sposa e lo sposo
guardano attraverso l'umida
luce della grande hall dell'Holiday Inn.

White Box, Wax Paper

Teresa herself of Teresa's
Café will bring the wax
paper, fold it and flood it
with what remains of your biscuits
and poppyseed milk.
The good, cooked weight
of your half-a-plum-dumpling
will soften and stain the box.
Every butter remnant is used
to grease the pans. Apples
are pared to their most slender
core, the starved little carcasses
thrown to the street
to lure the encroachers away.
After the kitchen doors are locked,
Teresa will be on her knees
with a toothbrush, dissolving
every grain of kolachki sugar dust
in the bucket that will water her plants.
The scraps on the floor make her reach
for her own thick and sated middle.
The waste, the waste, she will shake
her head and turn her face away.

Scatola bianca, carta cerata

Proprio Teresa del Caffè
Teresa porterà la carta
cerata, lo avvolgerà e lo inonderà
di quel che rimane dei tuoi biscotti
e del latte ai semi di papavero.
Il peso buono e cotto
del tuo dolce alle prugne
ammorbidirà e macchierà la scatola.
Tutto il burro che resta si usa
per ungere i tegami. Le mele
sono tagliate al torsolo
più sottile, le magre piccole
carcasse gettate in strada
per allontanare gli indesiderati.
Dopo che le porte della cucina saranno chiuse,
Teresa sarà in ginocchio
con uno spazzolino, a dissolvere
ogni granello di polvere di zucchero del kolacky
nel secchio che innaffierà le piante.
I resti sul pavimento la portano
a toccare il proprio ventre ora spesso e sazio.
Che sprechi, che sprechi, scuoterà la testa
e volgerà altrove lo sguardo.

West Pullman (II)

I.

Miss Evans,
her braided grey bun
undone
early in the morning
on the fourth of July,
leaned out of her house
and looked down the street
to see Boots
straining at his chain
for a squirrel. Boots belonged
to a boy, but, oh, if he hadn't.
Every day on her way
to World Book, Miss Evans
scanned all the small features
of children alone on the bus,
laying them over her stored
images of the missing.
In her carnival dish,
the ginger-tinged candies
were hardening against one another
like glass, and her rooms were dark
with fine dust.
Later, she curved her bare neck to see
the fireworks, standing in the back,
on the sidewalk at West Pullman Park.

West Pullman (II)

I.

Miss Evans,
con la crocchia grigia a treccia
sciolta
di prima mattina
il quattro di luglio,
si affacciò alla sua casa
e guardò lungo la strada
e vide Boots
che tirava la catena
per uno scoiattolo. Boots era
di un ragazzo, ma, oh, se non lo fosse stato.
Ogni giorno mentre andava
al World Book, Miss Evans
scrutava i tratti minuti
dei bambini soli sull'autobus,
sovrapponendoli alle immagini
che aveva in mente di quelli mancanti.
Nel piatto della festa
i dolci con un pizzico di zenzero
si indurivano uno contro l'altro
come vetri, e le sue stanze erano scure
con una polvere sottile.
Più tardi, piegò il collo nudo per vedere
i fuochi d'artificio, standosene dietro,
sul marciapiede nel parco di West Pullman.

II.

The low drone of bad luck
settled audibly into the middle
ears of all the Andersons.
It was their daughter's spine
that the swimming pool floor
raced up to meet too soon,
and their son who looked up
as the icicle fell.
One night, they pretended
to sleep on their beds
as the first crime in generations
rummaged through their chests.
Who was wearing Jackie's ring
when she, black hair piled high,
felt her cells go wrong?
In daisies and raising
a drink to the camera,
she knew and told no one.
She could hear it and knew
she was alone. She could still feel
the pearls in her hand:
one piece brings another.
And those of us who point to them:
we are deaf, we are grateful,
we are secretly closer to God.

II.

Un grave sottofondo di sventura
s'insediò percepibile nel timpano
di tutti gli Anderson.
Era la spina dorsale di loro figlia
che il fondo della piscina
si era affrettato ad incontrare troppo presto,
e il loro figlio che guardò in alto
mentre cadeva la stalattite di ghiaccio.
A letto una notte
finsero di dormire
quando il primo crimine da secoli
rovistò nei loro cassetti.
Chi portava l'anello di Jackie
quando lei, capelli neri acconciati in alto,
sentì che le sue cellule erano impazzite?
Fra le margherite e alzando
un bicchiere alla fotocamera
lei sapeva ma non lo disse a nessuno.
Riusciva ad ascoltarlo, e sapeva
di essere sola. Ancora riusciva a sentire
in mano le perle;
una conduce a un'altra.
E quelli di noi che le indicano:
siamo sordi, siamo grati,
siamo segretamente più vicini a Dio.

III.

From where they waited
in the triangle of space
behind the basementway door,
none of the nine could know
if the sky was still green,
if the taut strain of the lilacs and oak
had straightened,
or stopped, still bent.
What happens when we press
so close to the unfamiliar?
The fifth child, at seven years,
can't turn for the guard
of her brothers
and thinks: In the beginning,
the world and I were one.
In the beginning, even the trees
grew from my palms.
It was I who offered
to release the keys
to the air, heavy place
of my breath,
before demanding them back
to take root.
They were the first to leave me,
and I will be the last.

III.

Da dove aspettavano
nel triangolo di spazio
dietro l'uscio che porta in cantina,
nessuno dei nove poteva sapere
se il cielo era ancora verde,
se l'anima flessa dei lillà e della quercia
si era drizzata,
o era rimasta piegata per sempre.
Cosa succede quando ci spingiamo
così vicino al non familiare?
La quinta figlia, a sette anni,
non può voltarsi senza la vigilanza
dei suoi fratelli
e pensa: All'inizio,
io e il mondo eravamo uno solo.
All'inizio anche gli alberi
crescevano dalle mie palme.
Fui io ad offrire
di liberare le chiavi
all'aria, luogo pesante
del mio respiro,
prima di pretendere che tornassero
per mettere radici.
Furono i primi a lasciarmi,
e io sarò l'ultima.

IV.

Father Latta held a quarter
in one of his two closed hands.
Which hand? He was quietly telling
jokes to pictures of dead pastors
in the rectory lobby
when summoned again
to soothe the heart
of Sister Elizabeth, raging
against the drum of her own
clamped fist. They leaned together
and murmured in Latin,
calling not on memory,
but words that have become
like breath. She tells him
that in the fertile mountains
of Poland where she walked
as a girl, she would one day
have met Mary and told her . . .
but this — she swept her silent
hand around — is no place for a vision.
Father Latta fingered the quarter
and asked: So God
has forsaken West Pullman?
Old Sister Elizabeth snapped
back to herself and they laughed.

IV.

Padre Latta teneva una moneta
in una delle due mani chiuse.
In che mano? Raccontava tranquillo
storielle alle foto di preti defunti
nella sala d'ingresso della canonica
quando di nuovo convocato
per dare conforto al cuore
di Suor Elisabeth, che inveiva
contro il battere del proprio
pugno serrato. Si inchinarono insieme
e mormorarono in latino,
facendo appello non alla memoria,
ma a parole diventate
come respiri. Lei gli racconta
che nelle fertili montagne
della Polonia dove camminava
da bambina, avrebbe un giorno
incontrato Maria e le avrebbe detto . . .
ma questo — mosse tutt'attorno
la mano silenziosa — non è posto per una visione.
Padre Latta toccò la moneta
e chiese: Allora Dio
ha abbandonato West Pullman?
La vecchia Suor Elisabeth ritornò
d'improvviso in sé e risero.

V.

Yours is dead, Bobby said,
pointing to the faint chalk
lines of a hopscotch board,
*the minute it rains, but I
am here forever.* He sunk
his hand into its own impression
left in the once-wet cement
of a new sidewalk.
Bobby had shot
grinning glances
back at his troop,
sitting far behind him in church
that Tuesday morning.
He showed them his teeth
while they stared,
solemn as the whispered
fragments of parents
weaved among their blue uniforms.
He only went in, they were saying,
*for tests. A little older than me,
but still.* Bobby liked to leap
from the sloping garage
and once was seen
untangling a small girl
caught in the spokes of her bike.

V.

Il tuo muore, disse Bobby,
indicando le linee di gesso sbiadite
del gioco della settimana
appena piove, ma io
sono qui per sempre. Affondò
la mano nella propria impronta
lasciata in quel che fu cemento fresco
di un nuovo marciapiede.
Bobby aveva
fatto delle smorfie
alla sua banda,
seduta molto dietro di lui in chiesa
quel martedì mattina.
Mostrava loro i denti
quando lo guardavano,
solenne come i frammenti
sussurrati dei genitori
che s'insinuavano fra le loro divise blue.
Era entrato solo per degli esami,
dicevano. *Un po' più vecchio di me,*
eppure. A Bobby piaceva saltare
dal garage inclinato
e una volta lo videro
liberare una bambina
incastrata nei raggi della bicicletta.

VI.

Mount Greenwood
hung over us all like a star.
We should go there and be
just as we are, in the future.
This place, with its basement,
brings half what it would
in Mount Greenwood.
Joe's mother, God rest,
might still walk among us
and quaver her hymns
from the loft,
if only she'd stayed
in Mount Greenwood,
where ambulance drivers
arrived out of breath.
But this one had finished
his sandwich or thoughts
to his wife on the phone
in Mount Greenwood,
where everything gleams
with the pale and clean
reflection of virtue itself.
We should go there, and now,
but how could we dream
of that journey: it's eight miles away.

VI.

Mount Greenwood ci sovrastava
tutti come una stella.
Un domani dovremo andarci
ed esser proprio come siamo.
Questo posto, col seminterrato,
rende metà di quello che renderebbe
a Mount Greenwood.
La madre di Joe, Dio l'abbia in gloria,
potrebbe ancora camminare fra noi
e cantare con la sua voce tremolante
gli inni dalla balconata
se solo fosse stata
a Mount Greenwood,
dove gli autisti delle ambulanze
arrivano di corsa.
Ma questo aveva finito
il suo panino o i pensieri
per sua moglie al telefono
a Mount Greenwood,
dove ogni cosa luccica
con il riflesso pallido
e terso della stessa virtù.
Dovremmo andarci, e subito,
ma come possiamo sognare
quel viaggio; è lontano otto miglia.

VII.

One small night
in what might be the middle
of history, helicopters floated
low over West Pullman,
searching the streets for Sheila.
Down Princeton, up Harvard,
down Yale; and slow,
in its faint shadow, the car
with a police megaphone:
red jacket, blue shoes.
And it was for this
that light finally poured from the sky,
beams that could burrow through steel,
like the bright-pointed star
we all waited for, calling *Sheila.*
Red jacket, blue shoes,
and a delicate neck
in the dark, billowing
and not held.
How many things ended
that night, and yet,
Sheila was buried
with forty-five words
in the back of the Monday Metro.
Then it was quiet again for a while.

VII.

Una notte breve,
forse nel mezzo della storia,
gli elicotteri volarono
bassi su West Pullman,
cercando Sheila per le strade.
Giù per Princeton, su per Harvard,
giù per Yale; e lenta,
nella loro ombra sbiadita, l'auto
con un megafono della polizia;
giacca rossa, scarpe blu.
E fu per questo che alla fine
la luce si riversò dal cielo,
raggi che possono fendere l'acciaio,
come l'appuntita stella luminosa
che tutti abbiamo atteso, chiamando *Sheila.*
Giacca rossa, scarpe blu,
e un collo delicato
nel buio, e volava via
non trattenuta.
Quante cose finirono
quella notte, eppure
Sheila fu sepolta
con quarantacinque parole
nelle ultime pagine del Monday Metro.
Poi fu la quiete ancora per un poco.

VIII.

In the empty maples
above St. Peter & Paul,
hunched over the dead
grass like a spider,
a parrot looked out
on the rows of frosted
two-stories, the bottomless
amber sheen of its eyes
blinking, but otherwise still.
Down among the broken
concrete angels
congregated handmaidens
of the altar, straining to see
the warm green and sun-
swallowed body that flashed
and slipped as the limbs
steamed away their dew.
Give what you can live without.
The remains of fat Christmas nuts
and sugary food bank grapes
were swept off the sidewalk later.
Take only what you can't live without.
Fortified, Polly took off
heading south, low
in the treeless sky over Halsted Street.

VIII.

Negli aceri spogli
alti su St. Peter e Paul,
ingobbiti come un ragno
sopra l'erba morta,
un pappagallo guardava
le file di casette a due piani
ghiacciate, immobile tranne che
per l'intermittenza della luce
senza fondo dell'ambra dei suoi occhi.
In basso fra rotti
angeli di cemento
le chierichette adunate
cercavano di vedere
il caldo corpo verde
inghiottito dal sole che s'illuminò
e scivolò mentre i rami
facevano evaporare la rugiada.
Dona quello di cui puoi fare a meno.
I resti delle noci di un grasso Natale
e la dolce uva delle mense dei poveri
furono poi spazzati via dal marciapiede.
Prendi solo quello di cui non puoi fare a meno.
Rinfrancato, Polly prese il volo
verso sud, a bassa quota
nel cielo senz'alberi su Halsted Street.

State

A finch on a thistle turns the dome
of its eye to the sky and sees

a crossing sharp-shinned hawk
coming to rest in the dead

branches of an oak, its long leaves long
unsupple and carried

to their unknown end,
misidentified, not accounted for,

pronounceable and hard: *oak,*
on which one could carry

a load so great,
heavier than ourselves,

to weigh down the flowers,
that we may have flowers and never

encounter a bee,
that we may keep our throat

open to speak, *oak,* at will,
and not need, half-throated,

the lilts and curls that taint it,
the things that would hold you

if you rested against it, making you
hungry, making you blind

to the fallow ground, having entered
the mind, in which the wet

salt and blood keep the dome
of the finch's eye

glistening
and turned to face it.

Stato

Un fringuello su un cardo volge il bulbo
dell'occhio al cielo e vede

uno sparviero striato che passa
e si posa a riposare fra i rami

secchi di una quercia, con le sue lunghe foglie
da tempo irrigidite e trasportate

alla loro meta sconosciuta,
misconosciuta, non considerata,

pronunciabile e dura: *oak, Quercia,*
su cui uno potrebbe portare

un carico così grande,
più pesante di noi,

da far piegare i fiori,
che possiamo avere fiori e mai

incontrare un'ape,
che possiamo tenere aperte

le nostre gole per dire *oak* quando vogliamo
e non aver bisogno, a mezza gola,

di arzigogoli che la contaminano,
di cose che ti terrebbero lì

appoggiato ad essa, che ti renderebbero
affamato, renderebbero cieco

al terreno incolto, perché sei entrato
nello spirito, in cui il sale

bagnato e il sangue tengono acceso
il bulbo dell'occhio

del fringuello
girato a guardarla.

Rough Breathing Grave,
Smooth Breathing Grave

There are years when the storms
drown out our pulses, when we plant
frayed bell ropes with our dead
or sleeping, wait for them to wake
to the drip of a cold Fall rain.
If any nerve still wrapped itself hot
against the bone, if any blood still
trickled in a vein, the dead could ring it.
In the fog above, the keeper runs
toward the sound, shovel bumping
on the heaped earth behind him,
his heart a copper knot in its case.
Now, the only portents are visceral.
No horned owl watches in the tree
over what should and shouldn't stay
buried, over who leaves what last thing.
At dusk, thrushes murmur in the weeds.
At dawn, the harbors swallow rain.

Tomba dal respiro affannato,
Tomba dal respiro libero

Ci sono anni in cui le tempeste
sommergono i nostri battiti, in cui sotterriamo
logore corde di campana coi nostri morti
o dormienti, e aspettiamo che si sveglino
al cadere di una fredda pioggia autunnale.
Se un qualche nervo si avvolgesse ancora caldo
a un osso, se un po' di sangue scorresse
ancora in una vena, i morti potrebbero suonarla.
Di sopra, fra la nebbia, il guardiano correrebbe
verso il suono, il badile batterebbe
sul cumulo di terra dietro di lui,
il suo cuore un nodo di rame nella cassa.
Ora, i soli presagi sono viscerali.
Nessun gufo sull'albero si preoccupa
di che cosa debba o non debba stare
sepolto, o di chi lascia che cosa per ultimo.
Al crepuscolo i tordi mormorano fra le erbacce.
All'alba i porti ingoiano pioggia.

Solitary Man

Michael began his descent
from this world in the right
lane of the Dan Ryan,
slumped among the jeweled
stop-action strands of furred concert-goers
in cars, toward and away from home.
There is no each, only one every,
and Michael can't see to get through.
The pungent scent of the Home
for the Aged clung
to the unbought landscape
prints in the trunk. He lost
the last of the day's clear light,
stayed longer to hear
the Memorial Junior High Choir
bring ease to the afternoon.
Now a new drizzle cuts cracks
in the traffic's yellows and reds.
At the Home, after lunch,
the slender girls had climbed
into their purple robes like boxes,
humming in the back room,
finding their pitch,
fresh off the bus from Christmas
Around the World. Riveted,
they would watch their conductor,
knowing he dreamed of eking
the sublime out of ordinary
outer-city voices.
In the lobby, Michael lingered.
They sang *It's A Beautiful Noise.*

Uomo solitario

Michael cominciò la discesa
da questo mondo sulla corsia
di destra della Dan Ryan,
accasciato fra le immobili colonne
ingioiellate di gente che in auto va
impellicciata al concerto, via e verso casa.
Non c'è un ogni, solo uno ogni tanto,
e Michael non vede come potrà passare.
Il pungente profumo della Casa
Protetta è appiccicato
nel bagagliaio alle stampe di paesaggio
non comprate. Ha perso
l'ultima chiara luce del giorno,
è restato più a lungo per ascoltare
il coro ufficiale della Scuola Media
portare serenità al pomeriggio.
Ora una nuova spruzzata di pioggia taglia crepe
nei gialli e rossi del traffico.
Alla Casa, dopo pranzo,
le esili ragazze si sono infilate
nelle loro tonache porpora come in scatole,
canticchiando nella camera sul retro,
trovando la nota,
appena scese dall'autobus proveniente dal
Christmas Around the World. Inchiodate,
avrebbero guardato il loro direttore
sapendo che sognava di cavar fuori
il sublime da voci qualunque
della periferia della città.
Nell'ingresso Michael oziava.
Cantavano: *È un rumore meraviglioso*.

Father Robert's Closing Thoughts

There is a bucket of gasoline.
There is a boy,
dropping a cloth into
a bucket of gasoline.
Father Robert started small
and sloped against the choking gloom
of Midway, Comiskey, the sooty
parishes never to be looked back on.
The boy had tied his shirt
around his waist and climbed a wall,
dangling his egg-like weight.
A stick, a cloth, dripping.
Robert's dead parents
sat at the table in the rectory
dining room, drooping wanly
over their plates of unlush Easter food.
Mother in hydrangeas, Dad a gray trunk,
both longing for Cleveland and the comfort
of their own grim and freezing Erie.
They spoke little and only of being
like walls. *Push off us, our son,* they said.
But Robert, the boy, still heard instead
the hot, entropic sound. It caught
on no object, arm, or animal.
It ended by its own voice,
having added nothing.

Gli ultimi pensieri di Padre Robert

C'è un secchio di nafta.
C'è un ragazzo
che fa cadere uno straccio in
un secchio di nafta.
Padre Robert aveva cominciato in piccolo
percorrendo l'acuta tristezza
di Midway, di Comiskey, delle parrocchie
fumose da non rimpiangere.
Il ragazzo si era allacciato
la maglia alla vita e si era arrampicato su un muro,
sballonzolando come un uovo.
Un bastone, uno straccio, sgocciolante.
I genitori morti di Robert
sedevano a tavola nel refettorio
della sacrestia, sempre più malinconici
sui loro piatti di miseri cibi di Pasqua.
La madre in ortensie, il padre un tronco grigio,
entrambi con in mente Cleveland e il conforto
del loro triste e ghiacciato Eire.
Parlavano poco e solo per dire di essere
come muri. *Prendi la spinta da noi, figlio,* dicevano.
Ma Robert, il ragazzo, sentiva invece ancora
il caldo suono entropico. Un suono che non si attaccava
a nessuna cosa, braccio, animale.
Finiva con la propria voce,
senza aver aggiunto nulla.

Elsie Lamb

When her ears and eyes were open
as wide as they could be,
Elsie chased the ball into the trees.
She stopped and thought, *what is it
I don't know?*
Standing in the waterless air,
she could feel
trap door spiders listening.
On the moss, a wasp
was swabbing away
the day's dust.
She felt the slick green
stain on her knee
go *bump* where it began
and *bump* where it ended,
spackling the fabric imperfectly.
Why did it seem that this
would be important later?
The ochre and umber flowers
were pinning their edges together
against the dark.
Soon it would be August.
For now it was enough
to be warm and to think
of other things moving, farther away
than Elsie expected to get.
A voice split the air from a window
and called her back home.

Elsie Lamb

Quando gli occhi e le orecchie
furono ben aperti
Elsie inseguì la palla fra gli alberi.
Si fermò a pensare: *Cos'è*
che non so?
Stando in piedi nell'aria secca
riusciva a sentire che
i ragni dalle botole erano in ascolto.
Sul muschio, una vespa
spazzò via
la polvere del giorno.
Sentì al tatto
la lucida verde macchia
sul ginocchio d'improvviso
alzarsi e abbassarsi
stuccando il tessuto in modo imperfetto.
Perché sembrava che tutto questo sarebbe
stato importante in futuro?
I fiori d'ocra e di terra d'ombra
univano i loro cespugli
a contrastare il buio.
Presto sarebbe stato agosto.
Per ora era sufficiente
stare caldi e pensare
alle altre cose in movimento, più lontano
di dove Elsie si sarebbe aspettata di arrivare.
Da una finestra una voce fendette l'aria
e la richiamò a casa.

As the train
moved from the middle
of the city, south to the outer
reaches: darkness. The cars
on the sparked rails drumming
How do I get through my days?
It slows into a station: *How*
It begins to move: *Do I get*
As it rushes again: *Through my days? How do I?*
Only the flaps of her hat
and the string
tightened under her chin
help mix into this
her own blood-ocean.
She tries and tries
to empty her head like a tap.
A woman says, *beets have made*
the most beautiful stains
on my apron.
I don't even want it clean.
In Elsie's only half-
empty head: Is that the world
jumping onto us, or we onto it?
Passing the port, the aroma
of alewives and industry
drifts in. She says, *magenta,*
it's closer to flowers
than blood. And the soup?
It keeps you alive.

Appena il treno
lasciò il centro
della città, verso i quartieri
più a sud, buio. Sui binari
di scintille le carrozze battono
Come arrivo alla fine dei miei giorni?
Rallenta entrando in una stazione. *Come*
Comincia a muoversi *Arrivo*
Quando riprende a correre *Alla fine dei miei giorni? Come?*
Solo le tese del suo cappello
e le corde
strette sotto il mento
l'aiutano a mescolare in questo
il suo stesso oceano-sangue.
Prova e riprova a
vuotare la testa come un rubinetto.
Una donna dice *le barbabietole hanno lasciato*
una macchia meravigliosa
sul grembiule.
Non voglio neppure lavarlo.
Nella testa solo mezza vuota
di Elsie: è il mondo
che ci salta addosso, o noi a lui?
Passando per il porto, l'odore
dei pesci morti e delle fabbriche
s'insinua. Lei dice *magenta,*
è più vicino ai fiori
del sangue. E la minestra?
Ti tiene in vita.

Elsie can laugh at the ashes
she sees, crushed on the heads
of the masses. She knows of no one
who gave their life for her.
Maybe she'd have to feel
more for it all if they had,
but Mother got up,
the bedding was laundered
well and by her own hand.
Men in suits and secretaries
pass St. Peter's stony eyes
on the steps of a downtown parish,
carrying the fact that they're alive.
What's in there? she wonders
at the gaping front doors.
So filled is it with scented smoke,
the smoke would hold its shape
without the church.
The voiceless echoes and faintest
rustlings of cloth are magnified
for all the saints to see.
Do Cecilia and Bernadette
reach through the stained glass
with their translucent fingers
to brush away a hair
and say *I'm waiting?*
Can they abandon their bodies
with ease? *Will the ending
be different for me?*

Elsie può ridere delle ceneri
che vede, polverizzate sulle teste
della gente. Non sa di nessuno
che ha dato la vita per lei.
Forse dovrebbe provare qualcosa di più
per tutto questo se loro lo avessero fatto,
ma la madre si alzò,
le lenzuola erano lavate
bene e con le sue mani.
Uomini in giacca e segretarie
passano davanti agli occhi impietriti di San Pietro
sulla scalinata di una parrocchia del centro,
e si portano addosso il loro esser vivi.
Che cosa c'è lì dentro? si chiede
davanti al grande portone.
È così pieno di fumo profumato,
il fumo manterrebbe la forma della chiesa
anche se la chiesa non ci fosse.
Le eco senza voce e i più fievoli
fruscii di stoffe sono dilatati
perché ogni santo li veda.
Cecilia e Bernadette
si protendono dalle vetrate colorate
con le loro dita trasparenti
per spazzare via un capello
e dire *Sto aspettando?*
Possono lasciare i loro corpi
con facilità? *Sarà diversa
per me la fine?*

On the outskirts of the Expo
in a red-dyed tent,
the reader sat scarved
at her card table and told Elsie
that there would be three.
She snatched her hand away,
doubled over, remembering
the cats being born. *Most girls
are happy,* the gypsy
pushes Elsie's hair off her face.
She expected to hear
that she'd be done sooner,
flattened out of being by some taxi
or el pitching over as she walked
along Lake Street at lunch,
rubbing her carbon-blackened
hands on her coat. *Let it cling
to the rough charcoal wool,
not to me.* But to learn that bodies
were bound to abound.
She thought of that powerless night
in August, when she slept
waiting for the Perseids
and swallowed a sycamore
whole, its white limbs
coiling to bend into her.
Everyone told her,
it means you no harm.
When she woke, it was light.
They were gone.

Nei dintorni della Fiera
in una tenda tinta di rosso,
la cartomante sedeva avvolta nello scialle
al tavolino e disse a Elsie:
ce ne saranno tre.
Ritirò la mano,
si piegò in due, ricordandosi
la nascita dei gatti. *Quasi tutte le ragazze
sono felici,* la zingara
le scostò i capelli dal volto.
Si aspettava di sentirsi dire
che sarebbe finita presto,
schiacciata fuori dalla vita da un taxi qualunque
o travolta dalla metro mentre camminava
per Lake Street all'ora di pranzo,
sfregandosi le mani nere di carbone
sul cappotto. *Che si appiccichi
alla grezza lana antracite,
non a me.* Ma imparare che i corpi
erano destinati a duplicarsi.
Ripensò a quella notte impotente
in agosto, quando dormì
aspettando le Perseidi
e inghiottì un sicomoro
intero, i suoi bianchi rami
attorcigliati per piegarsi in lei.
Tutti le dissero
Non vuole farti del male.
Quando si svegliò, c'era la luce.
Loro se n'erano andati.

You are *where* you are,
a place that sprang
from nothing, and still,
still, smells of wild onions.
Even the trampled walks
along Union aren't heavy enough
against it. It sticks to your clothes.
Wherever you go, you're from here.
Elsie thinks of the dock in Wisconsin,
the washes of watery air,
but she knows that it won't
cleanse her of this.
At the office, they think
the hairnetted girls
from the chocolate mill
have it good: *One of the better*
pleasures of the west side.
They say, *They could lead*
the rats from the city!
Women and kids trail them,
breathing deep.
I wouldn't taste it if I could,
Elsie heard one shudder to another
on the bus. She lets their talk
wash over her. So tired, so tired,
but why? All day today
there was nothing to do,
so she sat with her hands —
delicate, limp —
on her lap.

Tu sei *dove* sei,
un posto sbocciato
dal nulla, e ancora,
ancora, odora di cipolla selvatica.
Anche il lungo vagabondare
sulla Union non è abbastanza
per toglierlo. Ti si appiccica ai vestiti.
Ovunque tu vada, tu sei di qui.
Elsie pensa al molo in Wisconsin,
gli spruzzi di aria bagnata,
ma sa bene che non
le toglieranno l'odore.
In ufficio, pensano che
le ragazze con la retina sui capelli
della fabbrica di cioccolato
abbiano quell'odore: *Uno dei*
piaceri più belli dei sobborghi a Ovest.
Dicono *potrebbero fare uscire*
i topi dalla città!
Le donne e i bambini ne seguono le tracce
respirando profondamente
Non l'assaggerei se potessi,
Elsie sentì uno che lo urlava a un altro
sull'autobus. Lasciò che i loro discorsi
scivolassero su di lei. Così stanca, così stanca,
ma perché? Per tutto il giorno oggi
non c'era stato niente da fare,
così si sedette con le mani —
delicate, senza forza —
in grembo.

When Elsie heard the fires
burn across the continents,
the last of human mystery
was scorched away for her.
The body and the depths
it can reach, the mind.
But every day ended,
quiet as the last, even the one
when she woke up on Union
and fell asleep living on Yale.
She met him, he asked her,
and she said *all right*
as if he had offered her tea.
Too young for one fight, too old
for the next, he used
the space between to ferment it,
hate, in distance. The maps,
the radio. Before its luster blackened,
the steel mill had wings and bombs
he offered like arsenic to a dog.
Here's a little something for you,
old boy. Indigence did not
fall upon one undeserved.
Shaking, he took her to the funerals
and drained her heat.
I'll tell you who oughta
be in that box, he said,
never ending the sentence with *me.*

Quando Elsie sentì le fiamme
avvampare sui continenti,
l'ultimo dei misteri umani
per lei s'incenerì.
Il corpo e le profondità
che può raggiungere, la mente.
Ma ogni giorno finì,
calmo come l'ultimo, anche quello
quando si svegliò sulla Union
e s'addormentò che viveva sulla Yale.
Lo incontrò, lui glielo chiese,
e lei disse *va bene*
come se le avesse offerto del té.
Troppo giovane per una guerra, troppo vecchio
per quella dopo, lui usò
lo spazio in mezzo per fermentarlo,
l'odio, da lontano. Le mappe,
la radio. Prima che il lustro annerisse,
l'acciaieria aveva ali e bombe
che offriva come arsenico al cane.
Ecco qualcosa per te,
vecchio mio. L'indigenza non
ti cade addosso se non la meriti.
Tremante, la portò ai funerali
e prosciugò il suo calore.
Te lo dico io chi ci dovrebbe essere
in quella cassa, disse
senza finire mai la frase con *me.*

Every three years, they came.
Elsie looked down at them
dim-eyed and thought, *No.*
You are not me. Are you me?
Why aren't you me?
She patted their bellies and heads
as she should.
Thirty-four, Thirty-seven, Forty.
The littlest stalked the rooms at night,
so light that all she could hear
was the brushing of leg on leg,
his feet in the morning covered
with telling dust.
A spectre through a cracked
and oily lens, his face would appear
level with hers in the dark,
stopping her heart again and again
as she slept, her own limbs left
without blood. She could tell
where he had touched her hair.
She wanted all three
to fall to the world
early and with great force.
This is the first thing
you'll have forever, she told him,
running her thumb
over the pits in his calve
where the German Shepherd
caught him, as if it was a gift.
It won't be long, she soothed him.
Soon you won't feel anymore.

Vennero, ogni tre anni.
Elsie guardò in basso verso di loro
con la vista debole e pensò *No,*
non siete me. Siete me?
Perché non siete me?
Accarezzò loro la pancia e la testa
così come doveva.
Trentaquattro, trentasette, quaranta.
Il più piccolo si aggirava per le stanze di notte
con passo così felpato che solo si sentiva
lo sfregare di una gamba contro l'altra,
i suoi piedi ricoperti la mattina
di polvere rivelatrice.
Uno spettro da una lente crepata
e unta, il volto di lui allo stesso livello
del suo nell'oscurità,
e le faceva sempre fermare il cuore
mentre dormiva, e il sangue veniva meno
nelle sue membra. Riusciva a dire
dove lui le aveva toccato i capelli.
Voleva che tutti e tre
piombassero nel mondo
in fretta e con forza.
Questa è la prima cosa
che avrai per sempre, gli disse,
mentre faceva scorrere il pollice
nei buchi del suo palpaccio
dove il pastore tedesco
lo aveva preso, come se fosse un regalo.
Non durerà a lungo, lo calmò.
Presto non sentirai più nulla.

A poultice of Arizona heat.
Elsie wrapped her legs and arms
in a carpeted unit, burning
the toast every morning
just to add to the lassitude.
Armadillos dug in the scraps
of planted earth around the pool.
The highrises, mirrored and white,
mirrored and white,
threw merciful shadows down
to the better-than-a-skillet ground.
With Helen, Ruth and Rita,
she cowers when they ask
why isn't there a word for what we are?
Like orphan or widow? Because
we're still here against God.
To want to be
so far away from water,
she felt herself a succulent,
hoarding what little there was
left of her. She tried to love
the tumbleweeds, the roadrunners
and newscasters. The light
was always clear, her horned-rims
forgotten on the table,
everything pouring into her eyes like nails.
One July night when the sun
finally set at ten, she called Fran
and commanded, Find me
a house in Hazel Crest.

La cura dell'arsura dell'Arizona.
Elsie si avvolse gambe e braccia
in un appartamento con la moquette,
bruciando i toast ogni mattina
solo per aumentare l'indolenza.
Gli armadilli scavavano nelle crepe
della terra coltivata attorno alla vasca.
Gli alti palazzi, a specchio e bianchi,
a specchio e bianchi,
gettavano grate ombre
sulla calda griglia della terra.
Si fa piccola quando
Helen, Ruth e Rita le chiedono
Perché non c'è una parola per quello che siamo?
Come orfane o vedove? È perché
siamo ancora qui contro il volere di Dio.
Voler essere
così lontano dall'acqua,
si sentiva una pianta grassa,
e tratteneva quel poco
che era rimasto di lei. Cercò di amare
gli arbusti del deserto, i roadrunner
e i giornalisti dei TG. La luce
era sempre chiara, gli occhiali appuntiti
lasciati sulla tavola,
ogni cosa si riversava nei suoi occhi come chiodi.
Una notte di luglio quando il sole
alle dieci finalmente tramontò, chiamò Fran
e ordinò, Trovami
una casa a Hazel Crest.

One last arc of seasons,
starting with the Fall.
Through three of them, Elsie
needed her scarf against something:
trucks, music, grime, wind
or children. She watched the European
starlings find the grubs
beneath the ground, a fearless
mingling with dirt. *What do you see
there? How do you know?*
They've lived so long among us,
their pretty song is louder now, and lost.
Retrieved from the sills and parlors
of old Pullman friends, the coleus,
philodendron, violets and ivies
trembled with the quarry-blasting
and cold, but survived.
They took what they could
from the tiny Chicago sun,
and soon their weight
began to prove too great.
Elsie, working in fingerless gloves,
spent her hours bumping them
like kids to bigger rooms.
Curled in jars, hair-white roots.
Water-darkened terra cotta pots
lined the floor. Her hands
were stained from keeping
them alive, buried. Then slowly,
she gave them all away.
This better be it. I'm done.

Un ultimo arco di stagioni,
che cominciavano dall'Autunno.
Contro tre di loro, Elsie
aveva bisogno dello scialle per ripararsi da qualcosa:
camion, musica, sporco, vento
o bambini. Guardava gli storni
d'Europa trovare le larve
sotto il terreno, un ardito
mescolarsi con la terra *Che cosa vedi*
lì? Come fai a sapere?
Hanno vissuto così a lungo con noi,
il loro bel canto è più forte ora, e perduto.
Recuperati dai davanzali e dai salotti
di vecchi amici di Pullman, i coleus,
i filodendri, le viole, e le edere
tremavano per le esplosioni delle miniere
e il freddo, ma erano vivi.
Prendevano tutto quel che potevano
dal piccolo sole di Chicago,
e presto il loro peso
cominciò a essere troppo grande.
Elsie, che lavorava con guanti senza dita,
passava le ore a spostarli con fatica
come bambini in camere più grandi.
Attorcigliati in vasi, i bianchi capelli delle radici.
I vasi di terracotta anneriti dall'acqua
allineati sul pavimento. Le sue mani
erano sporche per averle
tenute in vita, sottoterra. Poi un po' alla volta,
le diede via tutte.
Basta così. Ho finito

Notes

West Pullman is a neighborhood on the far south side of Chicago.

The Flightless Rail revolves around the extinction of birds in the Pacific region, particularly events that took place on Laysan, a two-mile atoll in the North Pacific. Numerous sources were consulted for the poems, including *The Song of the Dodo,* by David Quammen; *The Beak of the Finch,* by Jonathan Wiener; *Audubon Magazine;* and *Hawaii,* by Mona Treguski among others. I am grateful to these and other writers for the information, inspiration, language, and phrasing their endeavor provided to mine.

Note

West Pullman è un quartiere nella parte più meridionale di Chicago.

The Fightless Rail ruota attorno all'estinzione di uccelli nella regione del Pacifico, in particolare con riferimento a eventi che hanno avuto luogo a Layson, un atollo di due miglia nel Nord del Pacifico. Per le poesie si sono consultate molte fonti; fra le altre *The Song of the Dodo*, di David Quammen; *The Beak of the Finch*, di Jonathan Wiener; *Audubon Magazine*; e *Hawaii*, di Mona Treguski. Sono grata a questi e ad altri scrittori che con il loro lavoro mi hanno offerto informazioni, idee, parole ed espressioni.

About the Author

CAROLYN GUINZIO is a Chicago native. She received her BA from Columbia College Chicago and an MFA from Bard College.

Her poems have appeared in *Bloomsbury Review, Boston Review, Colorado Review, Indiana Review, Luna, New American Writing, Octopus,* and *Willow Springs* among other venues.

She has received awards from the Fund for Poetry, the Illinois Arts Council, the Chicago Department of Cultural Affairs, and the Kentucky Arts Council.

She currently resides in Fayetteville, Arkansas with her husband Davis McCombs and their two children.

About the Translator

FRANCO NASI was born in Reggio Emilia, Italy. Between 1995 and 2001 he has been "Lettore d'Italiano" of the Italian Government at Loyola University in Chicago and the University of Chicago.

Nasi has written on Romantic aesthetics, twentieth-century literature, translation theory, and translated into Italian works by S. T. Coleridge, W. Wordsworth, J.S. Mill, and contemporary English poets.

He recently published *Stile e comprensione* (Clueb, 1999), *Poetiche in transito* (Medusa, 2004), and edited *Sulla traduzione letteraria* (Longo, 2001).

He teaches Italian Contemporary Literature at the University of Modena.